Die Insel-Bilderbuch-Kassette mit zwei Bänden russischer Märchen, illustriert von Ivan Bilibin, erschien 1974; Wassilissa, die Wunderschöne, als insel taschenbuch für kinder, 1979.
Als der Verlag Ivan Bilibin, neu entdeckt, wieder erscheinen ließ, war die Überraschung groß: »Das helle Entzücken sind die unsäglich prunkvollen Illustrationen.« (Jörg Drews) Die verschwenderischen Bilder zu den russischen Märchen entstanden nach der Vorlage der Erstausgabe aus der Kaiserlichen Druckerei in Petersburg. Bilibin wurde 1876 in Petersburg geboren. Zehn Jahre lehrte er dort an der Hochschule zur Förderung der Kunst und wurde zum Begründer einer ganzen Schule der modernen russischen Grafik, die sich an der strengen Kunst der alten Ikonenmalerei orientierte. 1919 verließ er Rußland, lebte in Paris, kehrte 1936 in die Sowjetunion zurück und starb 1942 in Leningrad.

insel taschenbuch 487

# Das Märchen vom herrlichen Falken und andere russische Märchen

*ein insel taschenbuch für kinder*

# Das Märchen vom herrlichen Falken

und andere russische Märchen
mit Illustrationen von Ivan Bilibin
Nacherzählt von Elisabeth Borchers
Insel Verlag

insel taschenbuch 487
1. Auflage 1980

Vertrieb durch den Suhrkamp Taschenbuch Verlag
Umschlag nach Entwürfen von Willy Fleckhaus
Druck: Konkordia GmbH, Bühl/Baden
Printed in Germany

# Das Märchen vom herrlichen Falken

Im Zarenreich weit hinter den blauen Meeren und weit hinter den hohen Bergen lebten ein Mann und eine Frau mit ihren drei Töchtern. Die beiden älteren Töchter waren eitel, die jüngste war bescheiden und schöner, als es die Märchen erzählen. So schön war sie, daß die jungen Männer auf der Straße stehenblieben.

Als der Vater zum Jahrmarkt in die Stadt fahren wollte, fragte er seine Töchter, was sie sich wünschten.

Die beiden ältesten riefen: »Bring uns Stoff für ein neues Kleid!« Und die jüngste sagte: »Bring mir das purpurrote Blümchen.«

»Das purpurrote Blümchen?« lachte der Vater. »Soll ich dir nicht lieber Schmuck mitbringen?«

»Nein, Väterchen«, sagte die jüngste, »das purpurrote Blümchen, bitte.«

So kaufte der Vater den beiden älteren Töchtern Stoff für ein neues Kleid, doch so sehr er auch suchte, das purpurrote Blümchen fand er nirgendwo.
Die beiden älteren Töchter freuten sich sehr, als er heimkam. Zu seiner jüngsten sagte er: »Das purpurrote Blümchen konnte ich nirgendwo finden.«
»Vielleicht ein andermal, Väterchen. Ein andermal findest du's vielleicht.«
Die beiden Schwestern schnitten sich die neuen Kleider zu, nähten und lachten und riefen: »Das hast du nun von deinem purpurroten Blümchen!«
Als der Vater wieder zum Jahrmarkt fahren wollte, fragte er seine Töchter noch einmal, was sie sich wünschten. Die beiden älteren baten um Taschentücher, die jüngste aber sagte: »Bring mir das purpurrote Blümchen.«
Der Vater kaufte zwei Taschentücher, doch das purpurrote Blümchen konnte er weder mit dem linken noch mit dem rechten Auge entdecken. Und wieder kehrte er ohne das Blümchen betrübt nach Hause zurück.
»Vielleicht beim nächsten Mal, Väterchen«, sagte die jüngste. »Vielleicht beim nächsten Mal.«
Und als der Vater zum dritten Mal in die Stadt fuhr, riefen die beiden älteren: »Kauf uns

Ohrringe!« Und die jüngste wiederholte: »Bring mir das purpurrote Blümchen.«
Der Vater kaufte goldene Ohrringe, und dann fragte er alle Kaufleute des Jahrmarkts, ob

wohl einer von ihnen das purpurrote Blümchen gesehen habe. Doch niemand hatte es gesehen, und jeder schüttelte den Kopf.
Betrübt verließ der Vater den Jahrmarkt und fuhr ein Stück des Wegs. Plötzlich sah er am Wegrand einen alten Mann stehen, der ein purpurrotes Blümchen in der Hand hielt. Der Vater sprang vom Wagen und rief: »Verkauf mir das Blümchen!«
»Käuflich ist das Blümchen nicht«, sagte der alte Mann, »doch wenn deine Tochter meinen Sohn, den Falken, heiraten will, so sollst du die Blume haben.«
Der Vater überlegte ein Weilchen – komme ich wieder ohne das Blümchen nach Hause zurück, wird sie traurig sein. Muß sie einen Falken zum Mann nehmen, wer weiß, was daraus werden soll. Doch dann sagte er sich: »Will sie das purpurrote Blümchen haben, nimmt sie vielleicht auch den Falken zum Mann.«
Versprach's dem Alten, nahm das Blümchen und fuhr heim.
Die älteren Töchter freuten sich über die Ohrringe, und zur jüngsten sagte er: »Eine merkwürdige Blume ist dein purpurrotes Blümchen. Das Blümchen ist mir gar nicht geheuer.« Und ins Ohr flüsterte er ihr: »Von einem alten Mann bekam ich es, doch da es

nicht käuflich war, mußte ich ihm versprechen, daß du seinen Sohn, den Falken, heiraten wirst.«
»Ich kenne ihn, den Falken mit den bunten Federn«, sagte das Mädchen leise. »Herrlich schwebt er in den Lüften, und sobald er sich niederläßt, ist er ein schöner junger Mann.«
»Erzähl weiter«, sagte der Vater.
»Er liebt mich, Väterchen, ich weiß es. Ostern sah ich ihn in der Kirche, und immerzu sah er mich an.«
»Eine seltsame Geschichte ist das«, sagte der Vater, »eine sehr seltsame Geschichte.«
Dann ging die Tochter in ihr Zimmer, stellte das purpurrote Blümchen in eine Vase und öffnete das Fenster weit. Sie sah hinaus, und da schwebte der Falke hoch im Himmel, von weit her kam er, kreiste und kreiste tiefer und tiefer und stürzte in das Zimmer des Mädchens. Da war er ein junger schöner Mann, der mit ihm sprach und die ganze Nacht bei ihm blieb. Als es hell wurde, sagte er:
»Die Zeit ist um, ich muß zurück. Doch wenn es Abend wird, stell das purpurrote Blümchen ans Fenster. Ich werde von weit her kommen und wieder bei dir bleiben, bis es hell wird. Nimm das bunte Federchen aus meinem Flügelkleid, es soll dir helfen, wenn

du einen Wunsch hast. Geh zur kleinen Treppe hinaus, winke mit dem Federchen, und alle Wünsche werden in Erfüllung gehen.«
Er umarmte es, wurde ein Falke, stieg auf, kreiste über dem Haus, kreiste höher und höher und schwebte hoch oben im Himmel davon. Das Mädchen sah ihm nach, bis er nicht mehr zu sehen war, legte sich hin und ruhte aus.
Als der Morgen des Osterfestes kam, freuten sich die beiden Schwestern, im neuen Kleid mit den neuen Ohrringen zur Kirche gehn zu können. Sie wuschen sich und putzten sich, waren ganz übermütig vor Freude und sagten zu ihrer jüngsten Schwester: »Das hast du nun von deinem purpurroten Blümchen. Hättest auch du dir Stoff gewünscht und Ohrringe dazu, könntest du dich feinmachen, wie wir es tun und mit uns gehn.«
»Sorgt euch nicht um mich«, sagte das Mädchen, »ich bleibe zu Hause und bete hier.«
Und vom Fenster aus sah es alle Leute in ihren bunten festlichen Kleidern schön und stolz zur Kirche gehn. Als niemand mehr zu sehen war, lief es zum kleinen Treppchen, winkte mit dem bunten Federchen – und da flog alles herbei, was es sich wünschte, und alles war schöner, als das Mädchen es sich ausgedacht hatte: ein mit Gold durchwirktes

Kleid, die Schuhe und die Haube dazu, vielerlei Schmuck aus gutem, echtem Edelgestein, eine Kutsche ganz aus Kristall mit herrlichen Pferden davor. Es zog das alte Kleid aus und legte alle Kostbarkeiten an, stieg in den Wagen und fuhr zur Kirche.
Wie da die Leute aufschauten: »Seht nur, eine Zarentochter!« flüsterten sie. »Woher mag sie gekommen sein? Gewiß aus dem drei mal neunten Zarenreich«, flüsterten sie, denn das Mädchen strahlte vor Schönheit und Reichtum.
Während das letzte Lied gesungen wurde, verließ es schnell die Kirche, setzte sich in den Wagen und fuhr nach Hause. Fort war es und nicht mehr zu sehen, als die Leute herauskamen. Nicht einmal eine Spur war von ihm übriggeblieben.
Zu Hause, am kleinen Treppchen, winkte es wieder mit dem bunten Federchen, und alles – Kleid und Schuhe, Edelgestein und Wagen – verschwand, wie es gekommen war. Dann stellte es sich ans Fenster und sah die Leute aus der Kirche heimkommen. Die Schwestern erzählten ihm von einer Zarentochter aus fernem Land, die herrlich anzuschauen war, herrlicher noch, als es die Märchen erzählen.
Als das nächste Osterfest kam, war alles wie

beim ersten. Und als noch ein Jahr vergangen war und das dritte Osterfest kam, war alles wie beim letzten und vorletzten Fest. Nur eines geschah: das Mädchen vergaß, als es zurückkam, die Nadel mit dem großen Diamanten aus dem Haar zu nehmen. Als die Schwestern aus der Kirche kamen, um der jüngsten von der herrlichen Zarentochter zu erzählen, sahen sie im Haar ihrer Schwester den Diamanten leuchten. »Das ist der Diamant, den die Zarentochter in der Kirche trug!« schrien sie. Doch das Mädchen verriet kein Wort und ging in seine Kammer. Die Schwestern waren so mißtrauisch geworden, daß sie es in der Nacht belauschten, den Falken hörten, wie er ins Zimmer stürzte, und am Morgen sahen sie, wie der Falke davonflog.

Am Abend des nächsten Tages steckten die beiden Schwestern große Messer aufs Fensterbrett, daß der Falke sich die Flügel verwundete und nicht ins Zimmer gelangen konnte.

»Leb wohl«, rief er. »Wenn du mich suchst, so suche mich hinter drei mal sieben Ländern im drei mal neunten Zarenreich. Drei Paar eiserne Schuhe brauchst du, drei Wanderstäbe aus Eichenholz und drei harte Opferbrote.«

Das Mädchen, das eingeschlafen war, während es auf den Falken gewartet hatte, hörte die Worte bis in den Traum hinein, und als es am nächsten Morgen aufstand, sah es die Messer am Fenster, und an den Messern war Blut. Von nun an geschah nichts mehr, der Falke blieb aus, und das Federchen hatte alle Kraft verloren.

Das Mädchen ließ sich eiserne Schuhe machen, Opferbrote backen und die Wanderstäbe schneiden und machte sich auf in die Richtung, aus der der Falke gekommen war. Es ging durch den Wald, durchwanderte die Länder, bis das erste Paar der eisernen Schuhe durchgelaufen, ein hartes Brot gegessen und ein Stock zerbrochen war. Da kam es an eine Hütte, die auf Hühnerbeinen stand und sich immerzu drehte.

»Hütte, Hütte, kleine Hütte, dreh dich zu mir her«, rief das Mädchen. Da drehte sich die Hütte zu ihm her, daß es einsteigen konnte. Und in der Hütte auf dem Ofen, auf sieben heißen Ziegelsteinen, lag Baba Jaga mit ihrem hölzernen Fuß und sah zur Decke.

»Ich rieche Mensch«, schrie sie. »Wer ist es? Was willst du?«

»Ich suche nach meinem Liebsten, dem Falken mit den bunten Federchen«, sagte das Mädchen.

И. БИЛИБИНЪ

»Hinter drei mal sieben Ländern wohnt der Falke, im drei mal neunten Zarenreich. Er will die Zarentochter heiraten.«
Sie gab dem Mädchen zu essen, zu trinken, gab ihm ein Bett, und am anderen Morgen gab sie ihm einen silbernen Schemel und eine goldene Spindel und ein Knäuel. »Wenn du im Zarenreich deines Falken ankommst, setz dich ans blaue Meer und fang zu spinnen an, es werden goldene Fäden daraus. Die Zarentochter wird kommen, um dir den Schemel und die Spindel abzukaufen. Doch schenke ihr beides und sag ihr, nur den Falken wolltest du sehen. Nun laß das Knäuel rollen, folge ihm, denn es führt dich zu Baba Jaga, meiner älteren Schwester.«
Das Mädchen folgte dem Knäuel durch immer dunkler werdende Wälder, bis auch das zweite Paar der eisernen Schuhe durchgelaufen, das zweite Brot gegessen und der zweite Stock zerbrochen waren. Das Knäuel rollte vor eine Hütte, die auf Hühnerbeinen stand und sich immerzu drehte.
»Hütte, Hütte, kleine Hütte, dreh dich zu mir her.« Da drehte sich die Hütte zu ihm her, daß es einsteigen konnte, und in der Hütte, auf dem Ofen, auf neun heißen Ziegelsteinen, lag Baba Jaga, die Ältere, mit ihrem hölzernen Fuß und sah zur Decke.

»Ich rieche Mensch«, schrie sie. »Wer ist es? Was willst du?«
»Ich suche nach meinem Liebsten, dem Falken mit den bunten Federchen«, sagte das Mädchen.
»Dein Liebster, der Falke, bereitet seine Hochzeit mit der Zarentochter vor«, sagte Baba Jaga, die Ältere.
Am nächsten Morgen gab sie dem Mädchen eine silberne Schüssel und ein goldenes Ei. »Wenn du im Zarenreich deines Falken ankommst, setz dich ans blaue Meer, stell die Schüssel in den Sand und rolle das goldene Ei zu ihr hin. Die Zarentochter wird kommen und dir beides abkaufen wollen. Doch schenke ihr beides und sag ihr, nur den Falken wolltest du sehen. Laß jetzt das Knäuel rollen und folge ihm, denn es führt dich zu Baba Jaga, meiner älteren Schwester.«
Das Mädchen folgte dem Knäuel durch immer finsterer werdende Wälder, bis auch das dritte Paar der eisernen Schuhe durchgelaufen, das dritte Brot gegessen und der dritte Stock zerbrochen waren. Das Knäuel rollte vor eine Hütte, die auf Hühnerbeinen stand und sich immerzu drehte.
»Hütte, Hütte, kleine Hütte, dreh dich zu mir her«, rief das Mädchen. Da drehte sich die Hütte zu ihm her, daß es einsteigen konnte,

und in der Hütte, auf dem Ofen, auf zwölf heißen Ziegelsteinen, lag Baba Jaga, die Älteste, mit dem hölzernen Fuß und sah zur Dekke. »Ich rieche Mensch! Wer ist es? Was willst du?« schrie sie.
»Ich suche meinen Liebsten, den Falken mit den bunten Federchen.«
»Heute heiratet dein Liebster«, sagte Baba Jaga.
Und am nächsten Morgen, so früh, daß die Sterne noch nicht blaß waren, gab sie dem Mädchen einen goldenen Stickrahmen und eine silberne Nadel.
»Wenn du im Zarenreich deines Falken angekommen bist, setz dich ans blaue Meer und halte den Rahmen, die Nadel stickt von allein. Die Frau deines Liebsten wird kommen und dir beides abkaufen wollen. Doch schenk ihr beides und sag, nur den Falken wolltest du sehen.«
Das Mädchen folgte dem Knäuel und weinte. Da wurde der Wald heller und heller und hörte auf, wo das blaue Meer begann. Ganz in der Nähe leuchteten die goldenen Türme des Zarenreichs. Das Mädchen setzte sich auf den silbernen Schemel, nahm die goldene Spindel und begann zu spinnen. Und schon kam die Zarin mit ihren Dienerinnen, sah das Silber und Gold und wollte es kaufen.

»Wenn ich den Falken sehen darf, will ich dir beides schenken.« »Er schläft immerzu«, sagte die Zarin, »wenn es dir genügt, ihn schlafend zu sehen, will ich dich zu ihm führen.«

Die Zarin lief voraus, steckte ihrem Mann eine Zaubernadel in den Rock, daß er tief, tief schlief, und ließ das Mädchen zu ihm führen und ließ es allein mit ihm.
Da saß es nun neben dem schlafenden Zaren und weinte und bat: »Wach auf, Liebster, wach auf. Drei mal sieben Zarenreiche mußte ich durchwandern, drei Paar eiserne Schuhe durchlaufen, drei Eichenstöcke zerbrechen, drei Opferbrote essen.«
Doch der Zar schlief und rührte sich nicht.
Die Zarin kam zurück, schickte das Mädchen fort und zog die Nadel aus dem Rock.
»Was war das für ein Schlaf? Jemand weinte und klagte, ich hörte ihn, und doch konnte ich die Augen nicht öffnen.«
»Du hast geträumt«, sagte die Zarin. »So sind die Träume.«
Am anderen Tag setzte sich das Mädchen ans Meer und rollte das goldene Ei auf die silberne Schüssel zu. Schon kam die Zarin mit ihren Dienerinnen, sah das Silber und Gold und wollte es kaufen.
»Wenn ich den Falken sehen darf, will ich dir beides schenken.«
»Wenn es dir genügt, ihn schlafend zu sehen, will ich dich zu ihm lassen.« Die Zarin lief voraus, steckte ihrem Mann die Zaubernadel in den Rock, daß er tief, tief schlief, und ließ

das Mädchen zu ihm führen und ließ es mit ihm allein.
Da saß es wieder neben dem schlafenden Zaren und weinte und flehte: »Wach auf, Liebster, wach auf. Drei mal sieben Zarenreiche mußte ich durchwandern, drei Paar eiserne Schuhe durchlaufen, drei Eichenstöcke zerbrechen, drei Opferbrote essen, um dich zu finden.« Doch er schlief und rührte sich nicht.
Die Zarin kam, schickte das Mädchen fort und zog die Nadel aus dem Rock.
»Was war das für ein Schlaf? Jemand weinte und klagte, ich hörte ihn und konnte doch die Augen nicht öffnen.«
»Niemand war hier, du hast geträumt«, sagte die Zarin. »So sind die Träume.«

Am dritten Tag setzte sich das Mädchen ans Meer und hielt den goldenen Stickrahmen vor sich hin, daß die silberne Nadel zu sticken begann. Schon kam die Zarin mit ihren Dienerinnen, sah das Silber und Gold und wollte es kaufen.
»Wenn ich den Falken sehen darf, will ich dir beides schenken.«
Die Zarin ging voraus. »Laß mich dein Haar kämmen«, sagte sie zu ihrem Mann, und während sie kämmte, steckte sie ihm die Zaubernadel ins Haar, daß er tief, tief schlief. Dann ließ sie das Mädchen zu ihm und ließ es mit ihm allein.
Das Mädchen weinte und umarmte ihn, streichelte sein Gesicht und das Haar und entdeckte die Nadel. Es zog sie heraus, da wurde der Zar wach, erkannte das Mädchen, hörte die Geschichte der Schwestern und die Geschichte der langen Wanderschaft und wie es mit seiner Frau, der Zarin, gehandelt hatte. Er liebte das Mädchen noch mehr als zuvor, stand auf und hieß die Bojaren, Fürsten und Würdenträger kommen, um ihnen die Geschichte zu erzählen.
»Wer ist nun meine Frau?« rief er. »Die mich suchte oder die mich zeigte für Silber und Gold?«
»Die dich suchte!« riefen die Bojaren, Fürsten

und Würdenträger. Der Zar setzte dem Mädchen die Hochzeitskrone auf. Dann aßen und tranken alle drei Tage und drei Nächte lang. Ich war auch dabei, aß und trank wie alle anderen. Doch als man mir am Ende des Festes die Schlafmütze aufsetzen wollte, machte ich mich auf den Weg hierher.

# Schwesterchen Alenuschka und Brüderchen Iwanuschka

Weil es zu Hause niemanden mehr gab, der sie lieb hatte, gingen Schwesterchen Alenuschka und Brüderchen Iwanuschka fort. Sie gingen weiter, immer weiter und wurden ganz müd, und ganz matt wurden sie von der Sonne, die heiß am Himmel stand. Doch immer weiter gingen sie, über Wege, die nirgendwo aufhören wollten, durch Gras und durch Felder.

»Ich habe großen Durst«, sagte Brüderchen Iwanuschka.
»Wart«, sagte Schwesterchen Alenuschka, »bald kommen wir an einen Brunnen, dann kannst du trinken.«
So gingen sie weiter, bis sie an einen Teich kamen und Kühe sahen, die dort weideten.
»Jetzt will ich trinken«, rief Iwanuschka.
Doch Alenuschka antwortete: »Trink nicht, Brüderchen, sonst wirst du ein Kälbchen.«
Brüderchen Iwanuschka gehorchte. Sie gingen weiter, bis sie an einen Fluß kamen und Pferde sahen, die dort weideten.
»Jetzt will ich trinken, Schwesterchen«, rief Iwanuschka.
Doch Alenuschka antwortete: »Trink nicht, Brüderchen, sonst wirst du ein Fohlen.«
Brüderchen Iwanuschka gehorchte wieder. Sie gingen weiter, bis sie an einen See kamen und Schafe sahen, die dort weideten.
»Schwesterchen, Schwesterchen, jetzt will ich trinken«, rief Iwanuschka.
Doch Alenuschka antwortete: »Trink nicht, Brüderchen, sonst wirst du ein Lämmlein.«
Brüderchen Iwanuschka gehorchte noch einmal, und sie gingen und gingen, bis sie an einen Bach kamen und Schweine sahen, die dort lagen. »Aber jetzt will ich trinken«, sagte Iwanuschka.

Doch Alenuschka antwortete: »Tu's nicht, Brüderchen, sonst wirst du wie sie.«
Da gehorchte das Brüderchen Iwanuschka ein letztes Mal, und sie gingen und gingen,

bis sie an ein Wasser kamen und Ziegen sahen, die dort weideten.
»Jetzt werde ich trinken«, sagte Iwanuschka. Als Alenuschka rief: »Trink nicht, sonst wirst du ein Zicklein!« war Iwanuschka schon zum Wasser gelaufen, trank und wurde ein Zicklein. Schwesterchen Alenuschka setzte sich ins Gras und weinte, und während sie weinte, sprang das Zicklein vergnügt durch die Wiese. »Hier können wir nicht bleiben«, dachte Alenuschka, nahm ihren Gürtel, legte ihn dem Zicklein um den Hals und ging mit ihm weiter.
Einmal riß sich das Zicklein los und sprang in die Gärten des Zaren. Als die Leute das sahen, liefen sie zum Zaren und sagten zu ihm: »Großer Zar, in Eurem Garten springt ein Zicklein, und ein Mädchen ist bei ihm, das schöner ist als alle Mädchen, die wir kennen.«
Da schickte sie der Zar zu fragen, wer sie denn sei, woher sie käme und von welchem Volk.
»Es war so«, sagte Alenuschka, als die Leute kamen und fragten. »Vater und Mutter sind tot, und weil es zu Hause niemanden mehr gibt, der uns lieb hat, gingen wir fort, das Brüderchen Iwanuschka und ich, Alenuschka. Als wir an ein Wasser kamen, wo Ziegen

weideten, trank Brüderchen Iwanuschka und wurde ein Zicklein.«
Der Zar hörte, was ihm die Leute berichteten, ließ Alenuschka zu sich rufen und wollte die Geschichte noch einmal hören. Er hörte ihr zu und fand sie schöner als alle Mädchen, die er je gesehen hatte. Er fand sie so schön, daß er sagte: »Bleib bei mir, Alenuschka. Schöne Kleider sollst du haben, und schönen Schmuck will ich dir geben, und das Zicklein soll mir so lieb sein wie dir. Wo immer du bist, darf auch das Zicklein sein.« Da wollte Alenuschka gern bleiben, und bald machten sie Hochzeit. Dem Zicklein ging es gut, es sprang durch die Gärten des Zaren. Und wenn der Zar und die Zarin aßen, aß das

Zicklein mit ihnen. Und wenn der Zar und die Zarin tranken, trank auch das Zicklein. So gut ging alles, daß sich die guten Leute freuten und die bösen Leute bös wurden vor Neid.

Eines Tages fuhr der Zar fort, um zu jagen. Und als er weit genug gefahren war, kam ein altes Weib zur Zarin und bot seine Dienste an. Die Zarin hieß sie bleiben, doch von Stund an wurde sie krank. Blaß wurde die Zarin und mochte nicht mehr essen. Die Leute um sie her gerieten in große Sorge. Denn auch die Blumen welkten, und die Bäume ließen die Blätter fallen, und das Gras wurde dürr.

»Was ist nur geschehn?« rief der Zar, als er heimkehrte. Und die Zarin antwortete: »Eine Krankheit ist über mich gekommen.«

Nach einiger Zeit ging der Zar wieder auf die Jagd, und wieder ging das alte Weib zur Zarin und sagte: »Wenn du gesund werden willst, so geh, wenn es dämmert, hinaus ans Meer und trink.« Da ging die Zarin, als es dämmerte, ans Meer. Als sie trinken wollte, packte das alte Weib sie, band ihr einen Stein um den Hals und warf sie ins Meer. Der Stein war so schwer, daß die Zarin tief und tiefer sank. Das Zicklein sprang herbei und jammerte kläglich. Doch das alte Weib wurde jung, glich der Zarin aufs Haar, zog ihre Kleider an und ging als Zarin zurück an den Hof. Als der Zar nach Hause kam, freute er sich, daß die Zarin wieder gesund war, und fröhlich setzten sie sich an den großen Tisch, um zu essen und zu trinken.

»Wo ist denn das Zicklein?« rief der Zar erstaunt, als er das Zicklein nicht sah.

»Ihr könnt es laufen lassen, habe ich den Leuten gesagt, ich brauche es nicht mehr. Außerdem riecht es nach Bockfleisch«, antwortete die Zarin. Am nächsten Tag schlug die Zarin das Zicklein und sagte: »Ich werde dich schlachten lassen.« Und den Zaren bat sie: »Laß doch den Bock schlachten, ich mag ihn nicht mehr. Er ist mir zuwider.«

Dem Zaren tat das Zicklein leid, die Zarin aber bat so sehr, daß der Zar einwilligte.

Als das Zicklein hörte, daß einer das Feuer schürte und ein anderer das Messer wetzte, sprang es zum Zaren und bat ihn: »Laß mich zum Meer laufen, ich will Wasser trinken und mir die Därme spülen.«

»Lauf nur«, sagte der Zar, und das Zicklein sprang zum Meer und rief:

Schwesterchen, Schwesterchen,
hörst du es?
Sie läßt das Feuer schüren.
Sie läßt das Messer wetzen.

Sie will mich töten,
hörst du mich?
Da rief Schwesterchen Alenuschka:
Brüderchen, Brüderchen,
hörst du es?
Das Meer ist so tief,
und schwer ist der Stein,
Brüderchen,
kann doch nicht bei dir sein.

Das Zicklein kehrte jammernd heim. Und mittags bat es den Zaren wieder: »Laß mich zum Meer laufen, ich will Wasser trinken und mir die Därme spülen.«

»Lauf nur«, sagte der Zar, und das Zicklein sprang zum Meer und rief:

Schwesterchen, Schwesterchen,
hörst du es?
Sie läßt das Feuer schüren.
Sie läßt das Messer wetzen.
Sie will mich töten,
hörst du mich?

Da rief Schwesterchen Alenuschka:

Brüderchen, Brüderchen,
hörst du es?
Das Meer ist so tief,
und schwer ist der Stein,
Brüderchen,
kann doch nicht bei dir sein.

Wieder kehrte das Zicklein jammernd heim.

Und als der Zar es jammern hörte, dachte er bei sich: »Was hat nur das Zicklein? Immerzu läuft es ans Meer.« Als das Zicklein ihn zum dritten Male bat, folgte der Zar ihm und hörte, wie es rief:

Schwesterchen, Schwesterchen,
hörst du es?
Sie läßt das Feuer schüren,
Sie läßt das Messer wetzen.
Sie will mich töten,
hörst du mich?

Und der Zar hörte Alenuschka antworten:

Brüderchen, Brüderchen,
hörst du es?
Das Meer ist so tief,
und schwer ist der Stein,
Brüderchen,
kann doch nicht bei dir sein.

Doch diesmal gab das Zicklein nicht auf, es rief und rief, ein zweites und ein drittes Mal, bis Alenuschka auftauchte. Da erkannte der Zar seine Frau, stürzte herbei, nahm ihr den Stein vom Hals, trug sie ans Ufer und hörte, was geschehen.

Wie freuten sie sich, daß die Zeit vorüber war. Und das Zicklein sprang durch die Gärten des Zaren, in denen die Blumen zu blühen begannen und die Bäume wieder Blätter hatten und das Gras wieder grün war.

Das böse Weib mußte sterben.
Doch der Zar und die Zarin lebten. Sie wurden reicher und reicher und aßen und tranken zusammen wie zuvor.

# Das weiße Entchen

Kaum hatten der Fürst und die Fürstin geheiratet, da kam die Nachricht, daß der Fürst auf Reisen gehen mußte. Die Fürstin weinte, und der Fürst sagte: »Ach, wie wirst du mir fehlen. Ach, wie werden die Tage ewig lang ohne dich. Doch versprich mir, daß du auf dich achtgibst. Geh nicht fort, bleib in deinem Zimmer, laß dich nicht mit Leuten ein, die du nicht kennst, und hör nicht hin, wenn die Leute Schlimmes reden.« »Ja«, sagte die Fürstin, und als der Fürst davongefahren war,

ging sie in ihr Zimmer und kam nicht mehr heraus.
Eines Tages besuchte ein Weiblein die Fürstin, und es sagte zu ihr: »Nicht mit anzusehen, wie du dich grämst. Sieh nur zum Fenster hinaus, sieh, wie schön es draußen ist. In den Garten solltest du gehn, in die Sonne und in den Wind.«
»Laß mich nur«, antwortete die Fürstin, doch dann dachte sie: »In den Garten zu gehen, kann ein Unglück nicht sein.« Und sie ging mit dem Weiblein hinaus und fand den Garten wunderschön. In seiner Mitte sprudelte ein Wasser.
»Der Tag ist so heiß«, stöhnte das Weiblein, »und der Quell ist so kühl und klar. Warum baden wir nicht, es wird uns guttun.« »Nein, nein«, sagte die Fürstin, doch dann dachte sie: »In das Wasser zu gehn, kann ein Unglück nicht sein.« Sie warf die Kleider ab, sprang hinein, und das Wasser war kühl und klar wie Kristall.
Kaum tauchte sie unter, da legte ihr das Weiblein die Hand auf und sagte:
»Sei ein weißes Entchen und schwimm davon.« Da schwamm die Fürstin als weißes Entchen davon. Die Alte zog die fürstlichen Kleider an, schminkte sich schön und wartete auf die Rückkehr des Fürsten. Als die Hun-

de bellten und die Glocken läuteten, lief sie dem Fürsten entgegen, umarmte und küßte ihn, und der Fürst freute sich über die Fürstin.

Das weiße Entchen aber hatte Eier gelegt und aus den Eiern schlüpften die Kleinen, drei richtige Kinder waren es, die bald laufen lernten, kleine Fische fingen und am Ufer standen und über die Wiese sahen.
»Bleibt hier«, rief das Entchen, »geht nicht fort«, rief es. Doch schon liefen die Kinder durchs Gras, liefen weiter und weiter fort, bis sie auf den Hof des Fürstenhauses kamen. Die Fürstin sah sie und ahnte, wer diese Kinder waren. Sie lud sie ein, gab ihnen zu essen und zu trinken und legte sie schlafen. »Wenn sie schlafen«, dachte die Fürstin, »werde ich sie töten.«
Um Mitternacht ging sie zur Tür und rief: »Wacht ihr oder schlaft ihr?« Da antwortete eines: »Wie sollen wir schlafen, wenn jemand uns töten will?«
»Sie schlafen noch nicht«, dachte die Fürstin, ging in die Küche, schürte das Feuer und sah nach dem Kessel. Dann ging sie wieder zur Tür und rief: »Wacht ihr oder schlaft ihr?«
»Wie sollen wir schlafen, wenn jemand uns töten will?« rief ein anderes. »Sie schlafen noch nicht«, dachte die Fürstin und ging in die Küche zurück, um noch einmal nach dem Feuer und nach dem Kessel zu sehen. Dann ging sie ein drittes Mal zur Tür und rief: »Schlaft ihr oder wacht ihr?«

Und ein drittes rief: »Wie sollen wir schlafen, wenn jemand uns töten will?«
Da öffnete die Fürstin leise die Tür und sah, daß die Kinder schliefen und daß eins ums

andere im Schlaf geredet hatte. Und sie tötete sie sofort. Als das Entchen am anderen Morgen ihre Kinder rief, kam auch nicht eines, und es ahnte Unglück. Es flog auf und zum Hof des Fürstenhauses. Ach, wie die Kinder da lagen, blaß und tot, und in großem Schmerz bereitete das Entchen die Flügel über ihnen aus.

Ihr Kinderchen, meine Kinderchen,
die Alte hat alles genommen.
Bin ich als Entchen
fortgeschwommen,
komm ich als Entchen
auch wieder zurück.

»Hörst du das?« rief der Fürst, der am Fenster stand. »Eine Ente, die reden kann!«
»Jagt sie fort«, rief die Fürstin, und die Leute jagten sie fort. Doch augenblicklich kam die Ente zurück, breitete die Flügel aus und klagte:

Ihr Kinderchen, meine Kinderchen,
die Alte hat alles genommen.
Bin ich als Entchen
davongeschwommen,
komm ich als Entchen
auch wieder zurück.

»Fangt mir die Ente«, befahl der Fürst. Doch die Ente ließ sich nicht fangen. So lief der Fürst selbst hinaus, und sie setzte sich ihm

auf die Hand. Als der Fürst ihre Flügel streichelte, verwandelte sie sich in eine Spindel. Wütend zerbrach er die Spindel, warf ein Stück vor sich und ein Stück hinter sich. Und hinter ihm wuchs eine Birke, und vor ihm stand seine Fürstin, traurig und schön.
Das alte Weib aber war wieder das alte Weib. Der Fürst befahl ihm, mit seinen Künsten die Kinder wiederzuerwecken.
Die Alte knirschte zornig mit den Zähnen, ging und gehorchte. Sie ließ sich eine Elster fangen und trug ihr auf, in dem einen Krüglein Lebenswasser, im anderen Redewasser zu holen. Dieses Wasser goß sie über den Kindern aus, so daß sie aufstanden und redeten.
Nun lebten sie wieder, der Fürst, die Fürstin, die Kinder. Sie wurden reich und reicher und vergaßen alles, was geschehen war.

# Marija Morewna

Im Zarenreich weit hinter den hohen Bergen und weit hinter den blauen Meeren lagen der Zar und die Zarin im Sterben. Sie riefen Iwan, ihren einzigen Sohn, und trugen ihm auf, gut für seine drei Schwestern, für Marija, Olga und Anna, zu sorgen. »Gib acht auf sie, und gib eine jede dem zur Frau, der sich als erster um sie bewirbt.«

Der Zar und die Zarin wurden begraben, und traurig gingen Iwan und seine Schwestern durch den schönen Garten. Plötzlich kam eine schwarze Wolke geflogen, und im Nu brach ein schreckliches Gewitter aus. Sie eilten ins Schloß zurück, doch kaum hatten sie die Halle betreten, da teilte sich im Getöse des Donners die Decke und herab stürzte ein Falke und war ein schöner Prinz.

»Ich grüße dich, Iwan-Zarewitsch«, sagte er. »Früher war ich oft als Gast bei euch, doch heute komme ich, um Marija, deine Schwester, zur Frau zu erbitten.«

»Wenn auch Marija dich mag, so will ich euch kein Hindernis sein«, antwortete Iwan. Und der Falkenprinz und Marija verließen Schloß und Reich.

Die Tage vergingen, die Wochen, da war ein Jahr vorbei. Iwan ging mit seinen beiden Schwestern in dem herrlichen Garten spazieren. Plötzlich erhob sich ein Wirbelwind und mit Donner und Blitz brach ein schreckliches Gewitter aus. Sie eilten ins Schloß zurück, doch kaum hatten sie die Halle betreten, da teilte sich im Getöse des Donners die Decke und herab stürzte ein Adler und war ein schöner Prinz.

»Ich grüße dich, Iwan-Zarewitsch«, sagte er. »Früher war ich oft als Gast bei euch, doch

heute komme ich, um Olga, deine Schwester, zur Frau zu erbitten.«
»Wenn auch Olga dich mag, so will ich euch kein Hindernis sein«, antwortete Iwan.
Und der Adlerprinz und Olga verließen Schloß und Reich.
Die Tage, die Wochen vergingen, und wieder war ein Jahr vorbei. Iwan ging mit seiner Schwester im herrlichen Garten spazieren. Plötzlich fuhr ein Sturm durch die Lüfte, und ein fürchterliches Gewitter brach aus. Sie eilten ins Schloß zurück, doch kaum hatten sie die Halle betreten, da teilte sich im Getöse des Donners die Decke und herab stürzte ein Rabe und war ein noch schönerer Prinz.
»Ich grüße dich, Iwan-Zarewitsch«, sagte er. »Früher war ich oft als Gast bei euch, doch heute komme ich, um Anna, deine Schwester, zur Frau zu erbitten.«
»Wenn auch Anna dich mag, will ich euch kein Hindernis sein«, antwortete Iwan.
Und der Rabenprinz und Anna verließen Schloß und Reich.
Ein ganzes Jahr blieb Iwan allein, doch dann wurde ihm die Zeit zu lang, und er machte sich auf den Weg, seine Schwestern zu suchen.
Eines Tages kam er auf ein freies Feld, auf dem ein ganzes Heer erschlagen lag.

»Wenn noch einer lebt, so soll er mir sagen, wer dieses Heer schlug«, rief Iwan.
»Dies große Heer schlug die Königstochter Marija Morewna«, antwortete eine Stimme.

Iwan ging weiter und kam zu den weißen Zelten der Königstochter.
»Sei mir gegrüßt«, rief sie. »Wohin des Wegs und warum?«
Da blieb Iwan zwei Nächte in den weißen Zelten der Königstochter, verliebte sich in sie und nahm sie zur Frau. Sie zogen in ihr Königreich und waren lange Zeit glücklich. Als sich die Königstochter entschloß, einen neuen Krieg zu führen, sagte sie zu Iwan: »Sorg du nun für das Haus und für alles, was dazugehört. Nur eines darf nicht sein: in die hinterste Kammer geh nicht.«
Kaum war die Königstochter mit ihrem Heer losgezogen, lief Iwan auch schon zur Kammer, öffnete sie und sah dort Koschtschej, den Unsterblichen, angeschmiedet an zwölf Ketten.
»Erbarme dich!« rief Koschtschej, »gib mir zu trinken. Seit zehn Sommern liege ich in Ketten, und meine Kehle schmerzt mich vor Durst.« Da holte Iwan einen Eimer voll Wasser. Koschtschej, der Unsterbliche, trank und bat um einen zweiten Eimer voll Wasser. Und als auch dieser leergetrunken war, verlangte er einen dritten. Als er auch dieses Wasser getrunken hatte, kehrte alle Kraft in ihn zurück. Er schüttelte sich, und auf einmal zersprangen alle zwölf Ketten.

»Vielen Dank, Iwan-Zarewitsch!« brüllte Koschtschej, der Unsterbliche. »Nun wirst du Marija Morewna nie wiedersehen, genausowenig wie du je eines deiner eigenen Ohren gesehen hast.« Iwan setzte sich hin und weinte. Als er lang genug geweint hatte, hörte er auf und machte sich auf den Weg, Marija Morewna zu suchen. Als er drei Tage gegangen war, kam er an ein herrliches Schloß. Vor dem Schloß stand eine Eiche und auf der Eiche saß ein Falke.

»Welch eine Freude!« rief der Falkenprinz, flog herab, und auch Iwans Schwester Marija kam herbei und sie küßten und freuten sich und redeten drei Tage lang. »Nun muß ich aber weiter, um Marija Morewna zu suchen«, sagte Iwan. »Du wirst es schwer haben«, sagte der Falkenprinz. »Laß dein silbernes Löffelchen hier, damit wir uns an dich erinnern.«

So ließ Iwan das Löffelchen zurück und machte sich auf den Weg. Als er drei Tage gegangen war, kam er an ein herrliches Schloß. Vor dem Schloß stand eine Eiche und auf der Eiche saß ein Adler.

»Welch eine Freude!« rief der Adlerprinz und flog herab, und auch Iwans Schwester Olga kam herbei und sie küßten und freuten sich und redeten drei Tage lang.

»Nun muß ich aber weiter, um Marija Morewna zu suchen«, sagte Iwan.
»Du wirst es schwer haben«, sagte der Adlerprinz. »Laß dein silbernes Gäbelchen hier,

damit wir uns an dich erinnern.« So ließ Iwan das Gäbelchen zurück und machte sich auf den Weg. Als er drei Tage gegangen war, kam er an ein herrliches Schloß. Vor dem Schloß stand eine Eiche und auf der Eiche saß ein Rabe.

»Welch eine Freude!« rief der Rabenprinz und flog herab, und auch Iwans Schwester Anna kam herbei und sie küßten und freuten sich und redeten drei Tage lang.

»Nun muß ich aber weiter, um Marija Morewna zu suchen«, sagte Iwan. »Du wirst es schwer haben«, sagte der Rabenprinz. »Laß deine silberne Tabaksdose hier, damit wir uns an dich erinnern.«

Als Iwan drei Tage gegangen war, kam er zum Haus des unsterblichen Koschtschej und sah Marija Morewna. Beide weinten vor Freude und umarmten sich. »Schnell, laß uns gehen, bevor er zurückkommt«, sagte die Königstochter, denn Koschtschej, der Unsterbliche, war zufällig nicht zu Hause. Und sie machten sich eilig auf den Weg. Als der Koschtschej am Abend nach Hause ritt, stolperte sein Pferd und er schrie: »Was stolperst du denn, du Hungertier von einer Schindermähre? Oder liegt etwa Unheil in der Luft?«

»Iwan-Zarewitsch hat Marija Morewna geholt«, antwortete das Pferd.

»Ist Zeit genug, sie einzuholen?«
»Zuvor kannst du Weizen säen, kannst warten, bis er reif ist, kannst ernten, dreschen, Mehl mahlen, kannst drei Öfen voll Brot bakken, kannst das Brot essen, dich dann auf den Weg machen, und immer noch wäre genug Zeit, die beiden einzuholen.«
Koschtschej ritt los und hatte Iwan und Marija Morewna sofort eingeholt.
»Dies eine Mal verzeihe ich dir, weil du mir Wasser gegeben hast. Vielleicht werde ich dir auch noch ein zweites Mal verzeihen. Doch beim dritten Mal würde ich dich zerschlagen.« Koschtschej nahm Marija und brachte sie in sein Haus zurück.
Iwan setzte sich auf einen Stein und weinte bitterlich. Als er lang genug geweint hatte, hörte er auf und machte sich wieder auf den Weg zu Marija Morewna. Koschtschej, der Unsterbliche, war zufällig nicht zu Hause.
»Laß uns gehen«, bat Iwan.
»Er wird uns einholen«, klagte Marija Morewna, und doch gingen sie schnell fort.
Als der Koschtschej am Abend nach Hause ritt, stolperte sein Pferd und er schrie: »Was stolperst du denn, du Hungertier von einer Schindermähre? Oder liegt etwa Unheil in der Luft?« »Iwan-Zarewitsch hat Marija Morewna geholt«, antwortete das Pferd.

»Ist Zeit genug, sie einzuholen?«
»Zuvor kannst du Gerste säen, kannst warten, bis sie reif ist, kannst ernten, dreschen, Bier brauen, drei Eimer voll trinken, kannst ausschlafen, und wenn du dich dann auf den Weg machst, ist immer noch Zeit genug, um sie einzuholen.«
Koschtschej ritt los und hatte Iwan und Marija Morewna sofort eingeholt. Er drohte Iwan, daß dies das letzte Mal gewesen sei, nahm Marija und brachte sie in sein Haus zurück. Iwan setzte sich auf einen Stein und weinte bitterlich. Als er lang genug geweint hatte, hörte er auf und machte sich wieder auf den Weg zu ihr. Koschtschej, der Unsterbliche, war zufällig nicht zu Hause. »Ach, Iwan«, klagte Marija, »warum sollen wir fortgehen, er wird uns einholen und dich zerschlagen.«
»Ich kann ohne dich nicht leben«, sagte Iwan, »komm, laß uns gehen.« Abends stolperte das Pferd zum dritten Mal, und Koschtschej galoppierte los, holte die beiden ein, schlug Iwan kurz und klein, legte die Stücke in eine Tonne und warf die Tonne ins blaue Meer. Da wurden das silberne Löffelchen, das silberne Gäbelchen und die silberne Tabaksdose schwarz, und die Prinzen und ihre Frauen wußten, daß Iwan ein Unglück zugestoßen war.

Der Adler flog zum Meer, trug die Tonne an den Strand, der Falke holte Lebenswasser und der Rabe Todeswasser. Dann zerschlugen sie zu dritt die Tonne, setzten die Teile, wie es sich gehört, wieder zusammen, der Rabe goß sein Todeswasser darüber, daß alles zusammenwuchs, und der Falke goß sein Lebenswasser darüber, daß Iwan aufstand und sagte:
»Ach, wie lange habe ich doch geschlafen.«
»Ewig hättest du geschlafen, wenn wir nicht gekommen wären«, sagten die Prinzen und wollten nach Hause, um ein Fest zu feiern. Doch Iwan machte sich auf den Weg zu Marija Morewna und bat sie zu erkunden, woher Koschtschej, der Unsterbliche, sein schnelles Pferd hat. Als es Abend wurde, erzählte ihr der Koschtschej: »Hinter drei mal sieben Ländern im drei mal neunten Zarenreich wohnt hinterm Feuerfluß die Hexe Baba Jaga. Drei Tage war ich bei ihr und hütete ihre Stuten, und da ich auch nicht eine verlor, gab sie mir zum Lohn das Pferd, das damals noch ein Fohlen war. Baba Jaga selbst besitzt eine Stute, mit der sie täglich einmal um die Welt reitet.«
»Aber wie kamst du über den Feuerfluß?« fragte die Königstochter. »Ich besitze ein Tuch, schlägt man es dreimal zu seiner Rech-

ten, entsteht eine Brücke.« Das alles erzählte sie Iwan und gab ihm auch das Tuch, das sie im Haus gesucht und gefunden hatte. Iwan machte sich auf den Weg zur Baba Jaga, und die Brücke half ihm, über den Feuerfluß zu kommen.

So hungrig war er geworden vom langen Weg, daß er zu einem Vogel sagte: »Dich möchte ich jetzt verspeisen.« »Tu's nicht«, antwortete der Vogel, »ich werde dir noch einmal von Nutzen sein.«

Als Iwan zu einem Bienenstock kam, sagte er: »Ich werde mir Honig nehmen.«

»Tu's nicht«, sagte die Bienenkönigin, »ich werde dir einmal von Nutzen sein.«

Und als er einer Löwin mit ihrem Jungen begegnete, sagte er: »So hungrig bin ich, daß ich den Kleinen verspeisen möchte.«

»Tu's nicht«, sagte die Löwin, »dann will ich dir einmal von Nutzen sein.«

Endlich kam Iwan zur Hütte der Baba Jaga. Auf elf von zwölf Pfählen des Zaunes steckten Menschenschädel.

»Guten Tag, Iwan-Zarewitsch«, brummte die Baba Jaga. »Kommst du freiwillig oder kommst du in Not?«

»Ich möchte mir ein Pferd verdienen, das so schnell ist wie der Wind.« »Nur drei Tage brauchst du mir zu dienen, mußt drei Tage

lang meine Stuten hüten. Doch verlierst du auch nur eine, so kommt dein schlauer Kopf auf die Stange.« Sie gab ihm zu essen und zu trinken.
Kaum hatte Iwan die Stuten aufs freie Feld getrieben, streckten sie sich und galoppierten in alle Himmelsrichtungen auseinander. So schnell waren sie auf und davon, daß Iwan ihnen nicht einmal mit den Augen folgen konnte.
Da weinte Iwan und setzte sich auf einen Stein. Und als er lang genug geweint hatte, schlief er ein.
Als es Abend wurde, weckte ein Vogel ihn: »Geh jetzt zur Alten. Die Stuten sind alle im Stall.« Da ging Iwan zur Baba Jaga und hörte sie schrein:

»Warum seid ihr schon zurück?«
»Die Vögel der ganzen Welt kamen geflogen und wollten uns die Augen auspicken«, rief eine der Stuten.
»Morgen lauft ihr in die Wälder hinein«, schrie Baba Jaga. Kaum hatte Iwan die Stuten am nächsten Tag aufs freie Feld getrieben, waren sie auch schon in den Wäldern verschwunden. Iwan setzte sich auf einen Stein und weinte, und als er lang genug geweint hatte, schlief er ein. Als es Abend wurde, weckte ihn die Löwin: »Die Stuten sind schon im Stall.«
Da ging Iwan zur Baba Jaga und hörte sie schrein:
»Warum seid ihr schon zurück?«
»Schreckliche Tiere wollten uns zerreißen. Da mußten wir doch heimkehren«, sagte eine der Stuten.
»Morgen lauft ihr ins blaue Meer hinaus«, sagte die Baba Jaga wütend. Kaum hatte Iwan die Stuten am nächsten Tag aufs freie Feld getrieben, streckten sie sich auch schon und galoppierten weit ins Meer hinaus. Iwan setzte sich auf einen Stein, weinte und schlief ein.
Als es Abend wurde, kam die Bienenkönigin geflogen und weckte ihn auf: »Geh jetzt, die Stuten stehen schon im Stall. Doch zeig dich

der Baba Jaga nicht, versteck dich im Stall hinter der Krippe. Dort liegt ein elendes Fohlen und wälzt sich im Mist. Erst wenn die Nacht stockfinster ist, nimm es und verlaß das Haus.« Wieder schrie die Baba Jaga: »Warum seid ihr schon da?«
»Alle Bienen der Welt kamen geflogen und stachen uns. Da mußten wir doch zurück«, sagte eine der Stuten.
Als die Nacht stockfinster war, sattelte Iwan das elende Fohlen, ritt zum Feuerfluß, schwenkte dreimal das Tuch und überquerte auf einer herrlichen Brücke den Fluß. Und weil er, dort angekommen, in der Eile das Tuch nur zweimal schwenkte, blieb die Brücke als dünner Bogen zurück.

Baba Jaga sah am nächsten Morgen, was geschehen war. Sie sprang in ihren Mörser und jagte hinter Iwan her und sah nicht, wie dünn die Brücke über dem Fluß stand. »Ein schönes Brückchen«, dachte sie noch, da brach die Brücke auch schon zusammen, und Baba Jaga stürzte in den Feuerfluß.
Iwan ließ sein Fohlen auf den grünen Wiesen grasen, und da wurde es ein großes, starkes, herrliches Pferd, das ihn in Windeseile zur Königstochter Marija Morewna trug. Er hob sie aufs Pferd und jagte mit ihr davon.
Als der Koschtschej am Abend nach Hause ritt, stolperte sein Pferd: »Was stolperst du denn, du Hungertier von einer Schindermähre? Oder liegt etwa Unheil in der Luft?«
»Iwan-Zarewitsch hat Marija Morewna geholt.« »Holen wir sie ein?«
»Iwan-Zarewitsch hat ein Pferd, das schneller ist als ich.«
»Das ertrage ich nicht!« schrie Koschtschej, der Unsterbliche, »wir werden sie dennoch verfolgen.« Und nach einer Weile hatte er die beiden eingeholt. Als Koschtschej mit seinem Säbel zuschlagen wollte, zerschmetterte Iwans Pferd mit seinem Huf den Kopf des unsterblichen Koschtschej. Iwan richtete ein Feuer, verbrannte den Unsterblichen und warf seine Asche in den Wind.

So waren sie befreit, Iwan-Zarewitsch und die Königstochter Marija Morewna. Sie ritten zum Raben, zum Adler und zum Falken. Und alle bewunderten die Schönheit der Königstochter. Sie bereiteten ein großes Festmahl, das drei Tage dauerte. Dann zogen Iwan und Marija Morewna heim in ihr Reich. Sie waren glücklich, wurden reicher und reicher und tranken viel Honigwein.

Inhalt

*insel taschenbücher für Kinder*

*Allerleirauh.* Viele schöne Kinderreime, versammelt von H. M. Enzensberger. Mit zahlreichen Abbildungen. it 115

*Hans Christian Andersen. Märchen.* Mit Illustrationen von Vilhelm Pedersen und Lorenz Frølich. Aus dem Dänischen von Eva-Maria Bluhm. 3 Bände in Kassette. it 133

*H. C. Artmann/Barbara Wehr. Christopher und Peregrin und was weiter geschah.* Ein Bären-Roman in drei Kapiteln zu Bildern von George Martyn. Schwarzweiß. it 488

*Nicola Bayley. Siebenundsiebzig Tiere und ein Ochse.* Bilder von Nicola Bayley. Geschichten von Elisabeth Borchers und Maria Dessauer. Vierfarbendruck. it 451

*Monika Beisner. Das Adreßbuch für Kinder.* Mit Bildern und Geschichten. Vierfarbig. it 294

*Rebecca Berlinger/Wolfgang Hildesheimer. Was Waschbären alles machen.* Bilder von Rebecca Berlinger mit einer Geschichte von Wolfgang Hildesheimer. Vierfarbendruck. it 415

*Elisabeth Borchers. Das Adventbuch.* Vierfarbendruck. it 449

*Joachim Heinrich Campe. Bilder-Abeze.* In 23 Fabeln und illuminierten Kupfern. Herausgegeben und mit einem Nachwort versehen von Dietrich Leube. it 135

*Lewis Carroll. Alice hinter den Spiegeln.* Mit Illustrationen von John Tenniel. Übersetzt von Christian Enzensberger. it 97

*Lewis Carroll. Alice im Wunderland.* Mit 42 Illustrationen von John Tenniel. Übersetzt und mit einem Nachwort versehen von Christian Enzensberger. it 42

*Gertrud Caspari. Die Sommerreise.* In Verse gesetzt von Heinrich Meise. Vierfarbendruck. Nach der Originalausgabe aus dem Jahre 1905. it 416

*Das Märchen vom herrlichen Falken* und andere russische Märchen mit Bildern von Ivan Bilibin. Nacherzählt von Elisabeth Borchers. Vierfarbendruck. it 486

*Ein Fisch mit Namen Fasch* und andere Gedichte und Geschichten von Menschen und anderen Menschen. Von Elisabeth Borchers. it 222

*Dick Gackenbach. Betti sei lieb, Betti sei brav.* Aus dem Amerikanischen von Ingrid Westerhoff. Dreifarbendruck. it 490

*insel taschenbücher für Kinder*

*Kate Greenaway / Elisabeth Borchers. Mutter Gans oder Die alten Ammenreime.* Mit Bildern von Kate Greenaway. Ins Deutsche gebracht von Elisabeth Borchers. it 28

*Kate Greenaway. Butterblumengarten.* Mit Bildern und Versen. Ins Deutsche gebracht von Elisabeth Borchers. it 384

*Friedrich Güll / Franz Pocci. Kinderheimat in Liedern und Bildern.* Lieder von F. Güll, Bilder von F. Pocci. it 111

*Wilhelm Hauff. Märchen.* Mit Illustrationen von Hosemann u. a. Zwei Bände. it 216/217

*Russell Hoban. Der Mausevater und sein Sohn.* Mit Bildern von Lillian Hoban. Aus dem Amerikanischen von Ingrid Westerhoff. it 453

*Peter Jerschow. Gorbunok, das Wunderpferdchen.* Nachdichtung von Martin Remané. Illustrationen von Klaus Ensikat. Vierfarbendruck. it 485

*Kinder- und Hausmärchen, gesammelt durch die Brüder Grimm.* Mit den Zeichnungen von Otto Ubbelohde und einem Vorwort von Ingeborg Weber-Kellermann. Drei Bände. it 112/113/114

*Dieter Kühn / Dirk Zimmer. Die Geisterhand.* Eine Geschichte von Dieter Kühn mit Illustrationen von Dirk Zimmer. it 382

*Das große Lalula* und andere Gedichte und Geschichten von morgens bis abends für Kinder. Zusammengestellt von Elisabeth Borchers. Mit Illustrationen. it 9

*Anita Lobel.* König Hahn und Königin Henne. Aus dem Amerikanischen von Ingrid Westerhoff. it 279

*Arnold Lobel. Die Maus im Suppentopf.* Aus dem Amerikanischen von Ingrid Westerhoff. it 383

*Arnold Lobel. Mäusegeschichten.* Aus dem Amerikanischen von Jörg Drews. it 173

*Arnold Lobel. Vom Jungen der immer Hunger hatte.* Erzählt nach einem russischen Märchen von Cynthia Jameson. Mit Bildern von Arnold Lobel. Aus dem Amerikanischen von Ingrid Westerhoff. it 312

*Bertold Löffler. Die sieben Zwerge Sneewittchens.* Vierfarbendruck. it 487

*Der Löwe und die Maus* und andere große und kleine Tiere in Fabeln, Geschichten und Bildern. Ausgewählt von Anne M. Rotenberg. it 187

*insel taschenbücher für Kinder*

*Kathy Mandry/Joe Toto. Die Katz und die Maus und die Maus und die Katz.* Eine Geschichte von Kathy Mandry mit Bildern von Joe Toto. Aus dem Amerikanischen von Jörg Drews. Vierfarbendruck. it 489

*David McKee. Zwei Admirale.* Aus dem Englischen von Harry Rowohlt. Vierfarbendruck. it 417

*Guillermo Mordillo. Das Giraffenbuch.* Cartoons. Mit mehrfarbigen Abbildungen. it 37

*Guillermo Mordillo. Das Giraffenbuch 2.* Cartoons. Mit mehrfarbigen Abbildungen. it 71

*Guillermo Mordillo. Träumereien* und andere wunderliche Geschichten. Mit mehrfarbigen Abbildungen. it 108

*Neuester Orbis Pictus.* Die Welt in Bildern für fromme Kinder. Vierfarbendruck. it 9

*Das Poesiealbum. Verse zum Auf- und Abschreiben.* Gesammelt von Elisabeth Borchers. Mit Bildern und Vignetten. it 414

*Wilhelm Schlote. Fenstergeschichten.* Vierfarbendruck. it 103

*Walter Schmögner. Das Drachenbuch.* Vierfarbendruck. it 10

*Walter Schmögner. Das unendliche Buch.* Vierfarbendruck. it 40

*Johanna Spyri. Heidi.* Vollständige und ungekürzte Ausgabe in einem Band. Mit Illustrationen von Paul Hey. it 351

*Hans Traxler. Es war einmal ein Mann.* Vierfarbendruck. it 454

*László Varvasovszky. Das Schneebärenbuch.* Vierfarbendruck. it 381

*Wassilissa, die Wunderschöne und andere russische Märchen.* Mit Bildern von Ivan Bilibin. Nacherzählt von Elisabeth Borchers. Vierfarbendruck. it 452

*Das Weihnachtsbuch für Kinder.* Mit Geschichten, Versen und vielen Bildern. Ausgewählt von Elisabeth Borchers. it 156